M. LUDWIG
ET LA CHRONOLOGIE DU RIG-VEDA.

M. LUDWIG

ET LA CHRONIQUE DU RIG-VÉDA.

EXTRAIT DU JOURNAL ASIATIQUE.

L'histoire de la littérature sanscrite dite classique a peu de chronologie et celle de la littérature védique n'en a pas du tout. Cependant, en ce qui concerne particulièrement le Ṛig-Veda, on est généralement d'accord pour admettre que la composition des hymnes compris dans ce recueil a dû demander plusieurs siècles, et, à de rares contestations près [1], pour reporter la date des plus anciens aux environs de l'an 1000 avant notre ère, sauf erreur possible de quelques siècles dans un sens ou dans l'autre. On appuie la première de ces conclusions sur la mention de chants du passé opposés, dans certains hymnes, aux chants nouveaux; la seconde, sur l'impossibilité d'expliquer dans son ensemble le développement littéraire et religieux dont l'Inde a été le théâtre sans placer,

[1] Voir, par exemple, le mémoire de M. Halévy sur l'origine des écritures indiennes, *Journal asiatique*, août-sept.-oct. 1885, p. 300.

1 .

non seulement le Ṛig-Veda, mais probablement aussi tout un ensemble d'ouvrages qui le supposent, avant l'avènement du Bouddhisme, dont la date est à peu près fixée entre le vi⁰ et le v⁰ siècle. Ce sont là des résultats peu précis sans doute, mais qui doivent à ce défaut de précision même l'avantage de ne soulever guère de contradictions.

M. Ludwig, dans une communication récente faite à l'Académie de Bohême[1], s'est proposé, non de les contredire, mais de les confirmer en les précisant. Il a cru pouvoir, non seulement assigner une durée *minima* à la composition des hymnes du Ṛig-Veda, mais fixer la date exacte, je dis l'année et même le jour et l'heure de certains événements célébrés dans quelques-uns de ces hymnes. De telles découvertes seraient incomparablement les plus belles qui aient jamais été faites sur le domaine de la chronologie indienne. Il est malheureusement à craindre qu'il n'en faille un peu rabattre.

Je passerai rapidement sur le premier point, qui est de beaucoup le moins important, comme il est aussi le moins nouveau. M. Ludwig avait déjà cherché[2] à dresser les généalogies des familles royales mentionnées dans divers hymnes, et à en déduire un minimum de deux siècles et demi pour la période dans laquelle ces hymnes ont dû être composés. Mais ses généalogies sont loin d'être sûres dans toutes leurs parties[3], et il est lui-même obligé de recourir à la méthode

---

[1] *Sitzungsberichte der kœnigl. bœhm. Gesellschaft der Wissenschaften*, 11 mai 1885. Tirage à part, 15 p. in-8°.

[2] *Der Rig-Veda*, vol. III, §§ 40 et 41.

[3] Les deux plus longues sont celles de Sudās et de Trasadasyu. Pour la première, M. Ludwig reconnaît lui-même (*Der Rig-Veda*, III, p. 176) que Devavant pourrait à la rigueur se confondre avec son prétendu petit-fils Divodāsa, et il ne parvient à faire de celui-ci le grand-père de Sudās que par une interprétation au moins hardie du vers VII, xviii, 25. Le nom de Paijavana, donné à Sudās, est-il un patronymique ou un métronymique? En tout cas, il n'y a aucun moyen sûr de déterminer le rang que Pijavana devrait occuper dans la généalogie. L'auteur du Nirukta, quand il en fait le père de Sudās, II, xxiv, ne s'appuie sur aucune tradition : il fait de l'étymologie comme dans tout le reste du passage. — De la généalogie de Trasadasyu, je retrancherais au moins Durgaha. L'existence d'un personnage de

approximative pour additionner des chiffres de générations [1] empruntés à des généalogies différentes. De plus il reconnaît que rien ne prouve l'existence d'hymnes remontant à l'époque des ancêtres les plus éloignés [2]. Enfin j'ajouterai que la plus longue généalogie, celle de la famille de Trasadasyu, emprunte son appoint à la fois le plus sûr et le plus considérable à un hymne, X, 33, qu'on a toutes sortes de raisons de considérer comme très postérieur à l'époque moyenne de la composition du Ṛig-Veda. Bref, il semble que la matière ne comporte décidément pas la précision, même relative, que M. Ludwig a l'espoir d'y introduire.

Quant aux événements dont il croit pouvoir déterminer exactement le jour et l'heure, il est à peine nécessaire de dire que ce sont des événements astronomiques. Ce n'est pas la première fois qu'on cherche dans l'astronomie la base d'une chronologie de la littérature indienne : c'est même par là qu'on a commencé. Un traité nommé *Jyotisha*, rattaché à la

---

ce nom, comme ancêtre d'autres personnages d'ailleurs innommés, VIII, LIV, 12, n'impose pas nécessairement l'interprétation de *daurgahá* comme un patronymique au vers IV, XLII, 8, si cette explication, comme c'est le cas en effet, convient mal au contexte. Je n'invoquerai pas l'explication toute différente du Çatapathabrāhmaṇa, XIII, 5, IV, 5 : je la citerais plutôt comme un exemple du caractère arbitraire de l'exégèse indienne dès une époque reculée. À mon avis, le passage en question, où le nouveau-né Trasadasyu est formellement comparé à Indra, renferme une allusion au vers 2 de l'hymne XVIII du même livre sur la naissance d'Indra, qui ne peut sortir du sein de sa mère (cf. *badhyámāne*), parce que la voie est trop dangereuse, *durgáha* : le dérivé *daugahá* désignerait celui qui est engagé dans une voie dangereuse, c'est-à-dire Indra lui-même, dont la naissance aurait été secondée autrefois, comme celle de Trasadasyu lui-même, par l'intervention des sept ṛishis : on sait que les sept ṛishis sont dans le Ṛig-Veda des sortes de démiurges. — Le vers V, XXXIII, 8, est trop obscur pour justifier, au moins d'une façon qui ne laisse place à aucun doute, l'attribution à Trasadasyu d'un ancêtre Girikshit et d'un fils Hiraṇin (sur les autres descendants, voir ci-dessus, dans le texte). Si l'on fait encore entrer en ligne de compte les possibilités d'homonymies et de synonymies, on jugera du peu de fond qu'il y a à faire sur ces rudiments de généalogies.

[1] Il y a d'ailleurs entre les chiffres du travail ancien (p. 182) et du nouveau (p. 4) un désaccord qui reste pour moi inexpliqué.

[2] *Der Rig-Veda*, III, p. 182.

littérature védique, quoique certainement très postérieur à la
période des hymnes, renfermait sur les divisions du zodiaque
lunaire en usage chez les Hindous des indications qui paru-
rent d'abord impliquer une observation des colures remontant au xive siècle avant notre ère. Mais les conclusions qu'on
avait tirées de là sur l'antiquité de la science, et par suite de
la littérature indiennes, sont depuis longtemps abandonnées,
et M. Whitney[1] a indiqué les raisons décisives qui enlèvent
toute espèce de signification aux données du *Jyotisha :* incertitude sur le point de départ des divisions, même chez les
astronomes modernes; incertitude sur la concordance de ces
divisions chez les astronomes modernes, élèves des Grecs, et
chez les anciens; incertitude sur l'existence même de toute
division géométriquement rigoureuse dans une période anté-
rieure à l'introduction de l'astronomie grecque; enfin. et
par dessus tout, incertitude sur l'origine du zodiaque lunaire,
que les Hindous peuvent très bien avoir emprunté à quelque
autre peuple.

M. Ludwig ne perd pas son temps à tenter de rajeunir un
système suranné. C'est sur des données nouvelles qu'il veut
fonder sa chronologie, et ces données, il croit les trouver,
non plus dans des traités astronomiques, mais dans les hymnes mêmes, sous la forme d'éclipses totales de soleil.

Les éclipses totales de soleil ne sont pas communes, au
moins dans une contrée assez étroitement limitée comme
celle où l'on s'accorde généralement à placer la composition
de la plupart des hymnes védiques, c'est-à-dire le bassin de
l'Indus. On comprend qu'il puisse être assez facile d'identifier
les événements de ce genre dont il serait question dans le
Rig-Veda, surtout si, à la mention du phénomène, les poètes
ont pris soin d'ajouter l'indication de l'heure, ou tout au
moins de la partie de la journée où il a eu lieu. Il paraît cependant que la chose ne va pas toute seule; car M. Ludwig,

---

[1] Dans une des notes dont il a enrichi la seconde édition des *Miscellaneous
Essays* de Colebrooke, I, p. 126.

muni d'une table des éclipses dressée par M. le professeur von Oppolzer, de Vienne, n'a, de son propre aveu, obtenu les résultats qu'il nous communique qu'après avoir essayé bien des combinaisons diverses (p. 14). J'ai d'ailleurs toutes sortes de raisons pour ne pas entamer la discussion avec lui sur ces combinaisons mêmes. J'admettrai sans autre examen les dates du 29 avril 1029 et du 20 avril 1001, ainsi que la limite inférieure de l'an 1200 (où s'arrêtent les tables de M. le professeur von Oppolzer) pour deux autres dates restant à déterminer; j'admettrai, dis-je, ces dates avec les conclusions que M. Ludwig en tire sur l'âge précis d'un certain nombre d'hymnes védiques, à la triple condition qu'il s'agisse réellement dans ces hymnes : 1° d'*éclipses;* 2° d'éclipses *totales;* 3° d'éclipses totales *actuelles.*

Quatre éclipses différentes seraient connues des poètes du Ṛig-Veda. L'une serait mentionnée au vers V, xxxiii, 4. Les autres formeraient le sujet des histoires bien connues de Kutsa et de Çushṇa, de Ṛijiçvan et de Pipru, des Atris et de Svarbhānu.

Sur les quatre cas, il en est trois où l'interprétation de M. Ludwig lui est exclusivement propre et me semble tout à fait arbitraire. Le soleil peut être obscurci de plus d'une façon. Il l'est, selon les idées védiques, pendant la nuit : on l'appelle alors le « noir » ou l'« aveugle »[1]; quelquefois on suppose qu'il rebrousse chemin d'occident en orient sous une forme noire[2]. Pendant le jour même, il peut être caché par les nuées, particulièrement dans l'orage. On s'entend même généralement, à travers mille divergences d'interprétation, pour reconnaître que l'opposition du jour et de la nuit d'une part, et les phénomènes de l'orage de l'autre, jouent le rôle principal dans la phraséologie des hymnes védiques.

Il y a longtemps que l'histoire de Kutsa et de Çushṇa, en particulier, a été expliquée par Adalbert Kuhn comme un

[1] Voir ma *Religion védique,* II, 460-466 et *passim.*
[2] Voir ci-dessous, p. 8, note 3.

mythe météorologique [1]. J'en ai donné moi-même une interprétation qui diffère de celle de Kuhn sur bien des points,
mais dans laquelle l'éclipse ne joue pareillement aucun rôle.
Je juge inutile de la reproduire ici [2], et je me bornerai à re-
lever l'argument capital que M. Ludwig apporte à l'appui de
la sienne Il le demande au vers IV, xxviii, 2, où ne sont
nommés d'ailleurs, ni Kutsa, ni Çushṇa, mais qui, je l'ad-
mets avec lui, fait allusion à la même légende. Pour res-
treindre rigoureusement la discussion au seul point en question, j'emprunte sa propre traduction :

« Avec toi comme compagnon, Indra a tiré en bas la roue
du soleil, violemment, sans retard; la roue qui roulait sur le
haut plateau, la roue commune à tous les vivants a été en-
levée au méchant puissant. »

Ce vers est adressé à Soma. Or Soma est devenu à l'époque
classique, et est quelquefois déjà dans les hymnes, un nom
de la lune : notre passage signifierait donc qu'Indra s'est
servi de la lune pour produire une éclipse de soleil.

On ne s'attendait pas à trouver dans un morceau qui,
d'après les conclusions mêmes du mémoire, devrait remonter
à plus de douze cents ans avant notre ère, des idées si exactes
sur la véritable cause des éclipses. L'astronomie des ṛishis
est en général plus rudimentaire. Par exemple, la prétendue
notion d'un cercle complet décrit par le soleil autour de la
terre [3], que M. Ludwig leur attribue, se réduit en réalité à

---

[1] *Die Herabkunft des Feuers*, p. 55 et suiv.

[2] Voir *Religion védique*, II, 333-338, et pour les passages où figure Etaça,
et que M. Ludwig rattache avec plus ou moins de raison à la même légende,
ibid., p. 33o-333. J'ai seulement à reconnaître qu'au vers V, xxix, 1o, il
s'agit réellement de deux roues du soleil (apparemment de deux formes,
l'une visible, l'autre invisible; cf. les trois roues du char de Sūryā, X,
lxxxv, 14-16, et la forme brillante et la forme noire du soleil, note ci-
après).

[3] P. 5. Les vers X, xxxvii, 2-3 s'expliquent et se complètent par le vers
I, cxv, 5 (*Religion védique*, I, p. 7). Le passage de l'Aitareya-Brāhmaṇa,
III, xliv, 6, que M. Ludwig allègue dans son commentaire sur l'hymne
X, xxxvii (*Der Rig-Veda*, IV, p. 132), dit précisément le contraire de ce

celle d'un seul et même demi-cercle parcouru successivement
dans les deux sens, le jour par la forme brillante, la nuit
par la forme noire du soleil[1]. Pour en revenir à notre sujet, le
vers IV, XXVIII, 2, ferait d'ailleurs plus d'honneur aux con-
naissances astronomiques du rishi qu'à son style, et ce serait
une singulière façon d'exprimer poétiquement la notion
scientifique de l'occultation du soleil par la lune, que de re-
présenter la lune « tirant le soleil en bas ».

Mais ce qui m'étonne surtout dans l'interprétation que je
conteste, c'est qu'un védiste consommé ait pu s'abuser sur
la valeur d'une formule aussi simple que celle de l'alliance
de Soma avec Indra. Car enfin le nom de Soma, dans le Ṛig-
Veda, ne désigne qu'exceptionnellement la lune; c'est avant
tout le nom du breuvage sacré. Or le breuvage sacré qui
enivre Indra et l'aide ainsi à accomplir ses œuvres divines,
devient naturellement, quand on le personnifie, l'allié du
dieu[2]. Le passage en question fait justement partie d'un développement plus étendu qui rapporte à l'alliance de Soma
l'honneur des différents exploits accomplis par Indra, et particulièrement de sa victoire sur le démon Ahi, dont le prix
est l'épanchement des eaux de la pluie, et où la lune n'a que
faire.

L'histoire de Ṛijiçvan et de Pipru est également interprétée

qu'il veut lui faire dire. Le soleil, à la fin du jour, « se retourne » et fait la
nuit « par en bas »; à la fin de la nuit, il se retourne de nouveau et fait le
jour, toujours par en bas. Il est clair que la terre n'a là qu'une seule face
regardée tour à tour « par en bas » par la face noire et par la face brillante
du soleil. Quant à ce que regarde la face tournée du côté opposé, c'est-à-
dire « par en haut », c'est un mystère, cf. *R. V.*, I, xxxv, 7; il ne faut pas
en demander à la cosmographie védique plus qu'elle n'en sait ou n'en croit
savoir.

[1] M. Ludwig ne s'étonnera pas que tout le monde ne voie pas comme
lui, dans un passage très obscur de l'hymne VIII, LXXXV, (vers 13-15), une
description de la conjonction de la lune avec le soleil au temps de la nouvelle lune. La ressemblance avec *Çat. Br.*, I, 6, IV, 18, ne me paraît pas
du tout frappante.

[2] *Religion védique*, II, p. 263-267.

dans ma *Religion védique* [1], et je bornerai, ici encore, ma discussion aux passages où M. Ludwig prétend trouver la description formelle d'une éclipse.

Au vers X, cxxxviii, 4, la lune est bien nommée par son propre nom, *mâs*. Mais c'est sur la construction de la phrase que nous ne pouvons nous entendre. Il s'agit de la destruction des forteresses de Pipru par Indra aidé de Ṛijiçvan : *mâséva sûryo vásu pûryam á dade*. M. Ludwig traduit « La richesse des forteresses a été prise, comme le soleil par la lune », et il conclut à une éclipse de soleil coïncidant avec le combat. « La richesse » est un neutre, *vásu*, qui peut être en effet un nominatif aussi bien qu'un accusatif, et le verbe *á dade*, un parfait moyen qui peut être pris dans le sens passif, bien qu'il ne le soit, à ma connaissance, dans aucun autre passage du Ṛig Veda. Mais pour construire ainsi, il faut : 1° rompre la symétrie de la stance commençant par deux propositions et terminée par une quatrième qui ont toutes pour sujet Indra; 2° sous-entendre l'instrumental agent de l'action qui devrait correspondre à l'instrumental de la comparaison. Qu'on traduise simplement, en se laissant aller, pour ainsi dire, au courant de la phrase : « Pareil au soleil accompagné de la lune, il a (avec Ṛijiçvan [2]) pris pour lui la richesse des forteresses », et voilà l'éclipse fort compromise.

M. Ludwig, il est vrai, cite un autre passage où Indra se-

[1] II, p. 347-349.

[2] Nommé à l'instrumental dans la stance précédente, et représenté encore au même cas dans celle-ci par l'instrumental *virúkmatâ* « brillant ». M. Ludwig rapporte, il est vrai, cette épithète au disque obscurci du soleil, en la traduisant « privé d'éclat ». Mais dans cette explication il ne tient compte, ni des autres emplois du mot, ni de sa formation (*rúkmant* existe, mais comme adjectif, et non comme substantif signifiant « éclat »). Ce n'est pas la seule fois que le mémoire prête à une critique grammaticale. L'explication de *vâcam*, I, cxxx, 9 (p. 9) fait de cette forme un gérondif de la racine *vac* « rouler » (*Der Ṛig-Veda*, V, p. 40). Or la racine *vac* (forme faible) ne peut avoir d'autre forme forte que *vañc*. De plus elle n'a que le sens neutre, et M. Ludwig lui attribue une valeur transitive. Je ne puis non plus laisser passer sans protestation l'interprétation des formes en *tât* et autres comme des indicatifs (p. 10).

rait représenté s'approchant du soleil, et se faisant ainsi reconnaître, IV, XVI, 14 : là c'est Indra lui-même qui repré-
senterait la lune prête à cacher le soleil. L'identification
d'Indra et de la lune est une nouveauté au moins hardie. Pour
s'en passer ici, il suffit d'entendre qu'Indra brille, même
quand il est près du soleil, en d'autres termes, qu'il n'a pas
à redouter la comparaison avec le soleil[1]. Indra est en même
temps comparé à un éléphant et à un lion, et il faut beaucoup
d'imagination pour voir, dans ces derniers traits, un combat
du soleil et de la lune sous les formes d'un lion et d'un éléphant. La stance, du reste, quoique précédée d'une autre qui
fait mention de Ṛijiçvan et de Pipru, peut n'avoir aucun rap-
port avec cette légende : on sait que les rishis changent vite
de sujet.

La troisième éclipse serait célébrée au vers V, XXXIII, 4, que
M. Ludwig entend en ce sens qu'Indra aurait donné au so
leil la nature d'un *Dāsa*. Les Dāsas, ou indigènes du pays
occupé par les Aryas étaient noirs : donc, donner au soleil
la nature d'un Dāsa, c'est le rendre noir. Je reconnais que
la construction de la phrase est difficile; mais la solution
proposée est toute nouvelle[2], et, je crois pouvoir ajouter, très
bizarre[3]. Peu importe d'ailleurs, puisque l'obscurcissement
du soleil, en admettant qu'il puisse jamais être l'œuvre d'Indra[4], est dans la phraséologie védique susceptible d'interpré-
tations très diverses.

Reste l'histoire des Atris et de Svarbhānu. Ici, le cas est
tout autre, et je suis obligé de reconnaître que l'hypothèse
d'une éclipse repose sur un fondement sérieux. Il ne s'agit
plus d'une occultation du soleil par la lune imputée contre
toute vraisemblance au personnage essentiellement lumineux

[1] La même chose est dite d'Agni, IV, XI, 1.

[2] M. Ludwig en avait lui-même adopté d'abord une autre dans sa traduction du Ṛig-Veda.

[3] Le rapprochement du vers X, CXXXVIII, 3, ne prouve rien : il n'y a aucune raison de croire que le mot *dāsá* désigne là le soleil.

[4] Voir *Religion védique*, II, p. 192.

d'Indra. L'obscurcissement du soleil est, comme il convient, l'œuvre d'un démon, l'Asura Svarbhānu, V, xl, 5-9. De plus, ce nom de Svarbhānu est employé dans la littérature classique comme un synonyme de Rāhu, et Rāhu est précisément le démon qui passe, dans la même période, pour causer les éclipses en dévorant le soleil et la lune. Il se pourrait, à la vérité, que l'identification de Svarbhānu et de Rāhu fût due uniquement à une explication plus ou moins tardive de la légende védique, et que l'Asura de cette légende eût été simplement, selon une conception plus familière aux hymnes, un démon voleur du soleil dans la nuit ou dans l'orage. L'interprétation du phénomène comme une éclipse n'en reste pas moins soutenable, vraisemblable si l'on veut.

Mais ce ne serait pas assez d'avoir mis la main sur une éclipse authentique : il faudrait encore être sûr que cette éclipse fût totale. Sur ce point, M. Ludwig me paraît trop facile à contenter. Il déclare d'avance [1] que les quatre éclipses dont il va parler ont dû toutes, d'après la description qui en est faite, être des éclipses totales : et il n'y revient plus. Je ne reviendrai pas non plus, et pour cause, sur les trois premières. Pour la quatrième, c'est-à-dire pour la seule qui puisse être prise en considération, je suis obligé de chercher moi-même le trait caractéristique de l'éclipse totale, M. Ludwig ayant négligé de l'indiquer. Serait-ce que les êtres étaient pareils à un homme égaré, et qui ne sait plus où il est ? Ou que le soleil était caché par l'obscurité, et qu'il a fallu le retrouver ? Ce serait, à mon avis, attribuer à la phraséologie védique une précision dont elle n'est pas coutumière, que de nier que des formules de ce genre aient pu s'appliquer à une éclipse partielle aussi bien qu'à une éclipse totale [2].

Mais fût-il certain que nous eussions là la description d'une

---

[1] Page 6.

[2] Les Brāhmaṇas, en rapportant la même légende (voir plus bas, p. 13, et Ludwig, *Der Rig-Veda*, V, p. 5o8), insistent, il est vrai, sur la disparition du soleil. Mais combien de légendes des Brāhmaṇas n'ont d'autre valeur que celle d'un commentaire !

éclipse, et d'une éclipse totale, il resterait encore à prouver que l'hymne est contemporain du phénomène, et même qu'il s'agit de telle ou telle éclipse déterminée. On concevrait bien que l'observation d'une ou de plusieurs éclipses dans une antiquité plus ou moins reculée eût donné lieu à un mythe de Svarbhānu, analogue au mythe de Rāhu, et que ce mythe figurât dans la poésie védique au même titre que les autres mythes d'origine naturaliste, celui de Vṛitra par exemple. Il est même permis de dire que la conception du démon Svarbhānu, à elle seule, suffirait à prouver la généralisation du phénomène et la constitution du mythe.

M. Ludwig allègue les nombreux passages des Brāhmaṇas où se retrouve la légende de Svarbhānu, et y cherche le souvenir d'un événement relativement encore récent dans cette période même. Je n'y puis voir, comme en cent autres cas semblables, que la reproduction plus ou moins amplifiée d'un cliché emprunté au livre des hymnes. Il s'appuie surtout[1] sur le rôle attribué en cette affaire à la famille sacerdotale des Atris, et à un privilège dont elle jouit d'après les Brāhmaṇas et qui en est la récompense. Mais qui contestera que l'imagination de cette famille, mise au service de sa cupidité, ait pu trouver plus au moins tardivement des titres dans le *texte* de l'hymne védique plutôt que dans le *fait* même qu'il est supposé célébrer ? En somme les Atris, s'ils sont dans le présent une famille réelle, ont dans le passé, comme la plupart des grandes familles de ṛishis, des ancêtres mythiques, et je crois à la réalité des Atris qui ont retrouvé le soleil perdu, exactement dans la même mesure qu'à celle des Bhṛigus qui ont fait descendre le feu du ciel sur la terre pour le communiquer aux hommes[2].

M. Ludwig, au contraire, croit si fermement à l'événement

---

[1] Page 7.

[2] Dans les passages des Brāhmaṇas relatifs à la même légende, et cités par M. Ludwig (*Der Rig-Veda*, V, p. 508), Atri est le hotar des ṛishis (apparemment des sept ṛishis mythiques), et les dieux mêmes ont recours à son appui.

célébré dans l'hymne V, xl (je ne dis pas, bien entendu, à la cause qui, selon la prétention des Atris, aurait mis fin à l'éclipse), qu'il en calcule approximativement la durée. C'est même le seul moyen qu'il ait d'identifier cette quatrième éclipse. Pour les autres il savait l'heure : « Indra a frappé les Dasyus avant midi[1] », etc. Pour celle-ci, il avait d'abord adopté l'heure de midi, donnée par la stance 4 ; mais il s'est décidé depuis à séparer complètement la première partie de l'hymne de la seconde[2]. A défaut de l'heure, la durée relativement très longue de l'éclipse serait indiquée par ce trait : « C'est avec la quatrième prière qu'Atri a retrouvé le soleil caché. »

A mon sens, ce détail a exactement la valeur, au sérieux près, qu'aurait chez nous, dans une séance de prestidigitation, la formule : une, deux, trois. On ne contestera pas que nous soyons ici en pleine magie. C'est donc ici ou nulle part qu'on peut s'attendre à rencontrer un nombre mythique. J'ai montré ailleurs[3] comment, dans ce que j'appelle l'arithmétique mythologique, le moment décisif est exprimé par l'addition d'une unité à un nombre consacré tel que trois ou neuf. Le soleil est retrouvé à la quatrième prière, comme Rebha est sauvé le dixième jour, I, cxvi, 24, et pour la même raison.

Tout autre est l'interprétation de M. Ludwig. Selon lui, d'autres prêtres avaient récité pendant l'éclipse des prières destinées à y mettre fin. Mais ils n'en savaient que deux ou trois, et ils avaient fini, que l'occultation durait toujours. Les Atris en savaient une quatrième, et pendant qu'ils la récitaient, le soleil reparut.

Je m'arrête : on touche du doigt le principe même de la querelle. Dans bien des détails de l'interprétation védique, j'ai le plaisir de me rencontrer avec M. Ludwig, parce qu'il

---

[1] IV, xxviii, 3. Voir p. 8 et 9.

[2] P. 7. Disons en passant, malgré l'inutilité de l'observation, que la connexion des vers 2 et 3 de l'hymne IV, 28, n'est guère mieux prouvée.

[3] *Religion védique*, II, p. 128, note 3.

use beaucoup moins que les autres interprètes de cette mul-
tiplication indéfinie des sens d'un même terme, contre laquelle
j'ai entrepris et je poursuis depuis longtemps une campagne
en règle. Mais pour l'esprit même de l'exégèse, nous sommes
aux deux pôles opposés. Ma tendance est, si on peut s'exprimer ainsi, *mythologiste,* celle de M. Ludwig est *réaliste.* J'ai
pu commettre des excès dans mon sens : mais je crois qu'en
tout cas M. Ludwig vient d'en commettre un dans le sien. Or,
après tout, les solutions mythologiques sont en elles-mêmes
assez inoffensives, ne fût-ce que parce qu'elles ne sortent
guère d'un petit cercle d'initiés. Les solutions historiques sont
plus graves, et il y a toujours un public prêt à se jeter sur
elles comme sur une proie. Je ne sais si je m'abuse, mais
je me figure qu'un arbitre impartial, en présence des deux
excès contraires, sera tenté de dire :

> ...S'il vous faut tomber dans une extrémité,
> Péchez plutôt encor de cet autre côté.

Abel BERGAIGNE.

IMPRIMERIE NATIONALE. — 1886.

9 782329 101439